じゃんけん学
起源から勝ち方・世界のじゃんけんまで

稲葉茂勝／著　こどもくらぶ／編

Rock
Paper
Scissors

今人舎

はじめに

「クールジャパン」という言葉を聞いたことがありますか?

これは「日本のマンガやゲーム、アニメなど、日本独自の文化が海外で高く評価されている現象、または、その日本文化をさす言葉です。でも、どうして「クール」?

「cool（クール）」という英語は、「冷たい」という意味を思いうかべる人が多いでしょう。「冷たい日本」? 違います。「クール」には「かっこいい」という意味があるのです。

さて、この話がじゃんけんとどう関係するのでしょう。ぼくは、じゃんけんが「かっこいい文化」であり、クールジャパンの象徴だと考えているのです。

ぼくはあるテレビ番組で、「じゃんけんは世界のどのくらいの国でおこなわれているのか?」と質問され、「世界じゅうの国に伝わっていると思います」と答えました。

いま、じゃんけんは「かっこいいもの」として、どんどん世界へ広がっています。それを伝えているのは、日本に来た外国人たちです。日本でじゃんけんを知った外国人が自分の国へ伝えてくれています。とりわけインターネット上でブログやYouTubeなどにアップして、cool Japan を世界じゅうへ広げているのです。
　来日外国人の数は2014年、過去最高を記録しました。2020年の東京オリンピックを前にどんどん増加するでしょう。それにともない、日本人にとって外国人と接する機会も増えてくるはずです。いやおうなしに外国人とコミュニケーションをとらなければならない場面も増えてきます。じゃんけんは、コミュニケーションの手段となり得るのです。

　じゃんけんは中国で生まれたものだと思っている人はいませんか。それは誤解です。間違いなく日本生まれであって、クールな日本文化です。
　この本でじゃんけんという日本文化を再発見してみませんか。ぼくが、じゃんけんが「メイド・イン・ジャパン」と断言する理由はもちろん、じゃんけんにまつわるさまざまなことを詳しくお話ししましょう。

稲葉茂勝

もくじ

はじめに ……………………………… 2
この本のつかい方 …………………… 5

パート1
じゃんけんのルーツを探れ！ …… 6

1 「拳あそび」とは ………………… 6
2 数をいいあてる「拳あそび」 …… 8
3 「形体拳」 ………………………… 10
4 「石拳」から「じゃんけん」へ … 12
5 世界に広がる日本のじゃんけん … 14
6 「パー」は「紙」か「布」か？ … 16
7 世界の「パー」の手の形の不思議 … 18
8 2種類の「チョキ」 ……………… 19

そもそもじゃんけんって、なに？ …… 20

パート2
じゃんけんの秘密 ………………… 22

1 昔は「最初はグー」と
　いわなかった ……………………… 22
2 なぜ「最初はグー」なのか？ …… 24
「最初はグー」を証明する3つの調査 … 26
3 どうして「グー、チョキ、パー」って
　いうの？ …………………………… 28
4 一番勝つ確率が高いのは
　「パー」？ ………………………… 30
WRPSによる
「じゃんけんに勝つための7か条」 … 32
5 いろいろな三すくみ拳 …………… 34
6 「最初はグー、○なしじゃん！」 … 35

実践編

① 世界のじゃんけんリスト ……………… 36
② 現代中国の拳あそびいろいろ ………… 38
　北京／上海／香港／台湾
③ 東アジア・東南アジアのおもしろ拳 … 40
　韓国の「ムク　チ　パー」／モンゴル／
　マレーシア／シンガポール／
　インドネシア／ベトナム／タイ／
　カンボジア／ラオス／ブルネイ
④ 中東・西アジアのおもしろ拳 ………… 46
　ネパール／パキスタン／イラン／
　サウジアラビア／アラブ首長国連邦
⑤ ヨーロッパのおもしろ拳 ……………… 49
　ギリシャ／イギリス／イタリア／
　フランス／ドイツ／セルビア
⑥ その他の地域のおもしろ拳 …………… 52
　エジプト／タンザニア／ブラジル／
　エクアドル
⑦ 多すくみじゃんけん …………………… 54
　四すくみ／五すくみ／七すくみ

終わりに ……………………………… 55

この本のつかい方

この本の前半は、パート1「じゃんけんのルーツを探れ！」、パート2「じゃんけんの秘密」の2つのパートにわかれています。36ページからは、実践編として、世界じゅうのじゃんけんを紹介。あそび方を知ることができます。

本文の内容について、よりくわしく解説したコラムです。

じゃんけんのルーツを、歴史的な資料とともに紹介しています。

写真資料や図版を豊富に掲載しています。

実践編では、その国や地域のじゃんけんについて、かけ声や手の形の意味、あそび方などを解説しています。

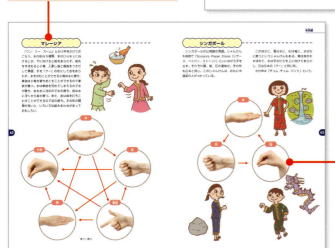

国や地域ごとに、じゃんけんの手の形と、勝ち負けの関係を、わかりやすい図で解説しています。

パート1

じゃんけんのルーツを探れ！

1 「拳あそび」とは

「拳あそび」とは、２人または３人以上で指を立てたり折ったり、また、手を開いたり閉じたりすることにより、勝ち・負けを決めるあそびのことです。

平安時代にあった虫拳

日本では、現代のじゃんけんに似た拳あそびが、古くからおこなわれていた。その起源は、平安時代にまでさかのぼる。

平安時代の拳あそびは、中国大陸から伝わってきたもので、当時の日本では「虫拳」とよばれた。残念ながら、日本へ伝来した時期は正確にはわかっていないが、９ページに示す「本拳」よりも早い時代に日本へ伝わったと見られている。おそらく日本で一番古い拳あそびであろう。

手の形は、次の通り。

蛞蝓：小指　蛙：親指　蛇：人差し指

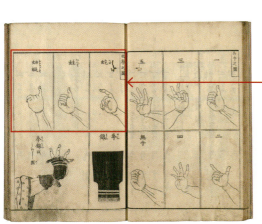

『拳会角力図会』より／国立国会図書館蔵

蛙は蛞蝓に勝ち、蛞蝓は蛇に勝ち、蛇は蛙に勝つ（三すくみ→p7）。

パート1　じゃんけんのルーツを探れ！

虫拳から石拳へ

　虫拳は江戸時代になると、子どもたちのあそびになっていたことが、『嬉遊笑覧』という江戸時代の書物から伺える。

　ところが虫拳はどの指が蛇で、どの指が蛙かなどがわかりにくく、さらに勝敗もわかりにくい。そのため、虫拳はしだいに石拳（→p12）に取ってかわられたと考えられる。

　なぜ蛞蝓が蛇に勝つのか？　蛇は蛞蝓の通った跡を通らないからだという説があるが、果たして……。

江戸時代の『嬉遊笑覧』に解説をつけた形で2002年に刊行されたもの（全5巻）。

『嬉遊笑覧（一）』／喜多村筠庭・長谷川強・江本裕・渡辺守邦・岡雅彦・花田富二夫・石川了／岩波文庫

三すくみとは

　「三すくみ」とは、蛙・蛇・蛞蝓の三者が身動きが取れなくなって均衡状態にあることをいう。これは、中国の周の時代に関尹子（かんいんし）という人物が書いた「蛆食蛇。蛇食蛙。蛙食蛆。互相食也」という言葉に由来するといわれている。その意味は「蛆は蛇を食べる。蛇は蛙を食べる。蛙は蛆を食べる。互いに食いあう」だが、その中の「蛆（中国語）」は、「蛞蝓（日本語）」と訳されることもある。蛇に勝つという意味からは、蛞蝓（日本語）より、蜈蚣（日本語）のほうがわかる気がする。

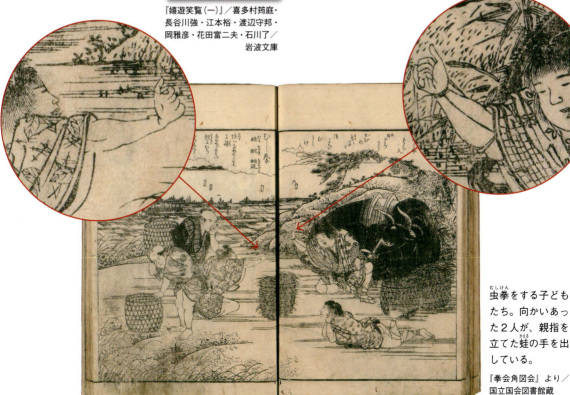

虫拳をする子どもたち。向かいあった2人が、親指を立てた蛙の手を出している。

『拳会角図会』より／国立国会図書館蔵

2 数をいいあてる「拳あそび」

「いっせいのせ」というあそびがあります。このあそびは、昔中国から伝わってきた拳あそび（→p6）に関係すると考えられます。

現在の「いっせいのせ」

「いっせいのせ」のあそび方（ルール）は、おおむね次の通りだ。

① はじめにじゃんけんで親を決める。
② 全員がにぎった両手をくっつけるようにして胸の前に出して向かいあう（3〜5人でする場合には内側を向いて輪をつくる）。
③ 親は「いっせいのせ1」とか「いっせいのせ3」などとかけ声をかける。親が数をいうのと同時に全員がいっせいに親指を立てる。左右両方の親指を立ててもいいし、片方だけでもいい。立てなくてもいい。
④ 親がいった数が全員の立てた親指の数の合計と同じだったら親は片手を下ろし、片手だけで勝負を続ける。同じでなかった場合はそのまま。親は順番でかわる。
⑤ こうして一番早く両手を下ろすことができた人の勝ち。

このルールは一例で、地方や時代によってさまざまなやり方もある。

どれも次に示す「本拳」の現代版であると考えられる。

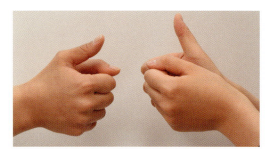

2人であそぶ場合。

3人以上であそぶ場合は、写真のように輪をつくる。

立てられた親指の数が4なので、親は片手を下ろせない。

親のかけ声と、立てられた親指の数が同じなので、親は片手（★）を下ろすことができる。

パート1　じゃんけんのルーツを探れ！

本拳

『拳会角力図会』という書物には、寛永の頃（江戸時代初期）に「本拳」とよばれるあそびが、中国から九州に伝わり、長崎の遊郭であそばれるようになったと書かれている。

あそび方は、2人が向かいあってそれぞれ片手の指で数を示すと同時に2人が示した数の合計を予測し、その数をいいあうというもの。数をいいあうことから「数（かず）拳」ともよばれる。数の合計をいいあてたほうが勝ちだ。

なお、当初は、数は中国語で発音されたが、その後、遊郭ごとにさまざまないい方ができ、それぞれが伝わっていった。

本拳をしてあそぶ人びと。

『拳会角力図会』より／国立国会図書館蔵

0　にぎった手（無手）

5　手を開く

4　人差し指、中指、薬指、小指（1以外）

3　中指、薬指、小指（2以外）

2　親指と人差し指

1　親指を立てる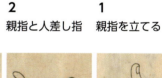

『拳会角力図会』より／国立国会図書館蔵

数拳のほうが虫拳より古いという意見もある

編集者で日本文化研究者の松岡正剛氏によると、「最初は数拳が流行した。これを拳法あるいは拳道では本拳という。長崎拳・崎陽拳ともよばれた。崎陽は漢学者たちによる長崎の異称のことで、どうも長崎から入ってきたあそびだろうと思われていたからだ。やがてこれでは数が多すぎて勝負がつきにくくなり、ここで生まれてきたのが、三すくみ型だった。もっとも代表的なのは虫拳とよばれたもので、親指が蛙に、小指が蛞蝓に、そして人差し指が蛇になった」（『松岡正剛 千夜千冊』）。また、菊池貴一郎（4代目歌川広重）が1905年に著した『絵本江戸風俗往来』のなかにも、日本の三すくみが中国から伝わってきた数拳からできたことが記されている。

ところが、松岡氏は、同書のなかで『拳の文化史』の著者のセップ・リンハルト教授が、虫拳は「すでに平安期に中国から入っていたもので、日本では一部でちゃんと和風化されてあそばれていたという」と、明記しているのだ。つまり、松岡氏は「数拳から虫拳ができた」としながらも、虫拳のほうが古いとする説があることをあえて記しているわけだ。

『絵本江戸風俗往来』／菊池貴一郎 著・鈴木棠三 編／平凡社

3 「形体拳」

手の形で三すくみをあらわすのに対し、体全体をつかってあらわす拳あそびがあります。この本では、これを「形体拳」とよぶことにします。

狐拳（庄屋拳）

虫拳、本拳はどちらも中国から伝来したが、狐拳[*1]は、日本のオリジナルのものである。虫拳と同じ三すくみだが、体全体をつかう形体拳である。狐拳は、狐が庄屋に勝ち、庄屋が鉄砲に勝ち、鉄砲が狐に勝つ。その由来ははっきりしていないが、豊臣秀吉の朝鮮侵攻の際に考案されたという説[*2]がある。

また、狐拳はかつて日本軍によって東南アジア各地に広められたと考えられる。その証拠として、現在もミャンマーには、狐が虎、庄屋が上官にかわっただけの三すくみの形体拳が残っている。

ミャンマー式の形体拳をする、ミャンマーの子どもたち。

狐拳をする芸者3人が描かれた錦絵（1804〜1818年ごろ）。座敷の向こうでも歌やおどりで盛りあがっているようすが、影法師で表現されている。

『風流狐けん』菊川英山／学校法人城西大学水田美術館蔵

[*1] 明治になって「庄屋拳」とよばれるようになった。
[*2] 京都高台寺の僧侶などが陣中見舞いに参じた際に三すくみの狐拳を考案したという説も伝わっている。

藤八拳（東八拳）

江戸時代になると、藤八拳（東八拳）とよばれる形体拳が登場した。これは、狐拳を3回勝負でおこなうもので、連続しておこなう過程で、体の動きから相手が何を出すかが読めるなど、ゲーム性が高く、人気となった。

- 狐の型：相手に手のひらを向けて中指の爪先が目の線にくるようにして置く。
- 庄屋の型：旦那ともいう。両手の手のひらを両膝の上に置く。
- 鉄砲の型：両のこぶしをにぎる。

この拳あそびの起源については、吉原の桜川藤八という幇間（男芸者）が考えだしたとか、家康の関東八州平定を祝して江戸の町民が考案したなど、いくつかの説が伝わっている。

藤八拳は、人気が出てくるにつれてしだいに体系化されていった。結果、明治から大正時代にかけて大人の間で大流行。そうしたなか、作法が重んじられるようになり、家元制度＊がつくられた。家元のなかには現在も続いているものがあり、毎月、稽古会を開き、星取り会、番付披露などをおこなっているところもある。

拳のけいこのようすを描いた錦絵。
『拳乃けいこ』一勇斎国芳／国立国会図書館蔵

藤八拳のルールの例

1. 向かいあって正座をする。両手を体の前であわせる（「絞り」とよぶ）。
2. 「ヨイヨイヨイ」というと同時に、手を3回たたく。
3. 双方が狐の形をする（「合い拳」とよび、現在の「最初はグー」にあたる）。
4. 「ハッ」の発声とともに3種類のうちいずれかの形体をする。
5. 3回連続して勝ったら両手をたたいて動作を終了する。

藤八拳をする人びと。
提供：高橋浩徳

＊技能や文化における流派の統宰者を「家元」とよび、家元により免許状の発行などがおこなわれる。

4 「石拳」から「じゃんけん」へ

現在の「じゃんけん」は、江戸時代中期から後期にかけて、虫拳を元にして考案された「石拳」だと考えられています。

子どもたちのあそびを描いた錦絵（1830年ごろ）。絵の中央付近に、じゃんけんのようなあそびをする子どもが描かれている。

『風流おさなあそび』歌川広重／公文教育研究会蔵

石をあらわすから「石拳」

江戸時代の絵に、子どもが現在のじゃんけんのようなあそびをしているところが描かれている。そのあそびは、手をにぎった形（グー）が石をあらわしたことから、「石拳」とよばれた。

石拳ができた背景には、虫拳のわかりにくさ（→p7）と、本拳のめんどうさがあったのではないかと考えられる。

石拳の三すくみの手の形は、本拳の6つの手の形から1、3、4が省かれ、0と5、その間の2によってできたものだ。

無手（0）が「石」、2が「鋏」、5が「紙」というわけだ。

鋏はもともと親指と人差し指であらわしたもの（本拳での2）だったが、日本全国へ伝わるうちに、人差し指と中指をつかうものが登場した（→p19）。

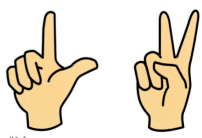

親指と人差し指であらわしたもの（左）と、人差し指と中指をつかうもの（右）。

「じゃんけん」の語源

　「じゃんけん」という言葉は、2人であそぶことから「両拳」（「両」は中国語で「リャン」と発音する）とよばれ、しだいに「じゃんけん」にかわったと考えられている。
　天保9年（1838年）の『誹風柳多留』164巻には「リャン拳、鋏ヲ出スハ　花屋ノ子」と歌われた。

江戸時代につくられた『誹風柳多留』は、1995年に文庫本も刊行された（全4巻）。
『誹風柳多留（一）』／山澤英雄／岩波文庫

　ただし、じゃんけんの語源については、石拳（昔は「じゃくけん」と発音した）がなまったとか、チョキを示す「鋏拳」が変化したとか、いくつも説がある。
　なお、「じゃんけん」は現在、全国的なよび名となっているが、関西で「いんじゃん」とか、九州で「しゃりけん」など、地方によってよび名がいろいろある。

じゃんけんの世界への広がり

　じゃんけんがメジャーになったのは、20世紀になってからである。一説によると、その最大の理由は、じゃんけんが「めんこ」と関係していたというものだ。なぜなら、めんこにじゃんけんの手の形が描かれていたからだ。
　また、虫拳や狐拳には命あるものが登場するが、じゃんけんはそうではない。命がないものが出てくることで、だれもが納得できるようになった。このことがじゃんけんの普及に一役かったともいわれている。
　じゃんけんの勝ち負けは非常に単純で、文化がちがう外国へもどんどん広がっていった。

キャラクターの絵のそばに、じゃんけんの手の形が描かれた「めんこ」。「めんこ」は、厚紙でできた玩具。地面にたたきつけて相手のめんこをひっくり返したりしてあそぶ。

5 世界に広がる日本のじゃんけん

じゃんけんは、いつでも、どこでもできて、道具もつかいません。明治のはじめには、日本からイギリスへ伝わり、イギリスからイギリス連邦の国ぐにへ広がっていきました。

じゃんけんが世界に広まった3つの時期

じゃんけんが世界へ広まった時期について、これまでは、次のように、大きくわけて3つあるといわれてきた。

第1波　明治時代（1868～1912年）

日本の世界進出とともに、日本が富国強兵の手本として交流していたイギリスへ伝わった。また、明治元年のハワイ王国への移民にはじまり、アメリカ本土やブラジル、ペルー、パラグアイなどへの移民が増加。その移民たちとともに各国へ持ちこまれた。そのほか、フィリピンや、満州国、日本の委任統治下にあったパラオなどの南洋群島にも伝わった。

第2波　太平洋戦争（1941～1945年）

日本軍は「大東亜共栄圏」を主張し、東アジアから東南アジア、南太平洋の島じまへ侵攻し、兵隊や移民をどんどん送りこんだ。そうして日本人とともにじゃんけんが伝わっていった。

第3波　高度経済成長期（1954～1973年）

日本は、第二次世界大戦後めざましい発展をとげ、「高度経済成長時代」に突入。海外との貿易により、日本人がどんどん海外へと飛びだした。海外留学も増加。若い人たちが外国へ渡り、じゃんけんを伝えた。じゃんけんは外国人とのコミュニケーションの手段となった。スポーツの交流や姉妹都市交流がじゃんけんの普及に大きな役割を果たした。さらに海外への憧れや仕事による海外移住者も増え、アメリカやヨーロッパでは、大都市を中心に日本人が居住した。現在、日本人旅行者の多いアメリカのグアム島では「ジャンケンポン」というかけ声とともに日本のじゃんけんがおこなわれているという。

© AKS

旧日本軍

いつでもどこでも何もなくてもできるじゃんけんは、戦争にかり出された兵隊にとって、最適の娯楽だった。東アジアから東南アジアのほぼ全域には、日本軍の侵攻によりじゃんけんが伝わったことが認められる。戦後、ベトナムやインドネシアに留まった残留日本兵も少なくない。彼らによってもじゃんけんが広まったと考えられる。ミャンマーにはいまでも日本軍を彷彿とさせるじゃんけんが見られる。その三すくみの形体拳は、虎と鉄砲、上官でおこなわれている（→P10）。

じゃんけんを世界へ広める第4の波

　日本のじゃんけんは、左ページの3つの時期に波が広がるように世界へ伝わっていったが、実は近年、その4つ目の波が押しよせている。それは「クールジャパン」とよばれる現象によるものである。

　『知恵蔵2014』によると、「クールジャパン」は「日本の漫画やゲーム、アニメなど、日本独自の文化が海外で評価を受けている現象、または、その日本文化を指す言葉」であり、「米外交政策誌にアメリカのジャーナリストが日本は文化のスーパーパワーと書いたのが発端」だとされる。この場合の「cool（クール）」は「冷たい」という意味ではない。「かっこいい」などの意味でつかわれているのだ。ということは、クールジャパンの例である漫画やアニメなどに登場するじゃんけんも「かっこいい」ことになる！

来日外国人の役割

　じゃんけんが世界へ広まった第1〜第3の波は、海外に進出した日本人が現地の人たちに広めたもの。ところが第4の波は、日本に来た外国人が主人公となっている。彼らは、日本人がじゃんけんをする様子を見て興味をもち、じゃんけんを覚え、自分の国へ広めている。インターネット上で、ブログやYouTubeなどにアップする人も多い。きっと彼らの目には、じゃんけんが「cool」にうつっているのだろう。こうして、じゃんけんはいまも世界へ広まっているのだ。

WRPS

　カナダで2002年、the World Rock Paper Scissors Society（略称WRPS）が結成され、世界じゃんけん大会がはじまった。その目的は「世界各地のじゃんけん系ゲームのルールを統一し、世界大会を開くため」だという。WRPSについては、1842年にイギリスで設立されたという説があるが、1868年の明治元年より前のこととは考えにくい。

世界じゃんけん大会のようす（2009年）。　　　　　　　　　　　　　© Wizardhat

6 「パー」は「紙」か「布」か？

現在中国や朝鮮半島でおこなわれているじゃんけんでは、「パー」は「紙」ではなく「布」です。しかし……。

「カウィ バウィ ボ」

現在、韓国には日本のじゃんけんによく似たあそびがある。

- 韓国:가위바위보(カウィバウィボ)
 カウィ(가위)は「鋏」、バウィ(바위)は「岩」、ボ(보)は「風呂敷(布)」

石を包む布。

石を包む物なら、紙より布(風呂敷)のほうが適している気もする。実は、このことを根拠にして韓国には現在、世界じゅうに広がっているじゃんけんが韓国発祥のものだとする「韓国起源説」を唱える人がいる。

それによると、「布」は日本に伝わった際に「紙」にかわったことになるのだ。しかし、日本にも布はある。韓国から伝わった際に、どうして布が紙にかわったのか説明がつかない。

「カウィ バウィ ボ」をしてあそぶようす。
提供：日田市咸宜公民館

韓国起源説

韓国は中国に組みこまれていた期間が非常に長く、オリジナルの文化が比較的少ない。このため、日本文化や中国文化などとされるものについて、本当はその起源は韓国にある（韓国起源説）と国際社会に向けて宣伝することが多い。

それにより、ヨーロッパなどではそれを信じてしまう人が少しずつながら増えている。そのためじょじょに既成事実化してしまっているのだ。

韓国起源説の対象は、空手などの武術・武道関連、歌舞伎や折り紙、食べ物では寿司やワサビなどがあげられている。じゃんけんもそのひとつと考えられる。

「シートウ ジェンタオ ブ」

中国では、「石頭剪刀布」が韓国に伝わり、九州に伝わったとする説がある。
- 中国：石頭剪刀布（シートウ ジェンタオ ブ）

石頭（シートウ）は「石」、剪刀（ジェンタオ）は「鋏」、布（ブ）は「布」

虫拳と本拳（数拳）が中国から伝わった（→p6）のは間違いないが、現在の日本のじゃんけんの原形がつくられたのは日本である（→p10）。

中国で「石頭剪刀布」がつくられ、それが日本に伝わったと考えるのは無理がある。その理由は、次の通りだ。

19世紀中ごろには、中国からアメリカ大陸へ移り住む移民が多くいた。そのころの日本は、まだ鎖国状態。中国人移民がアメリカへ「石頭剪刀布」を伝えたとすれば、現在のアメリカのじゃんけんのパーは、Cloth（布）となっているはずなのに、Paper（紙）となっている。

アメリカへじゃんけんを持ちこんだのは明治以降の日本人移民で、それ以前には中国の移民たちは日本のじゃんけんを知らなかったと予想できる。

紙が布にかわった理由は、ひとつには中国語での発音のしやすさ＊、またひとつには日本のじゃんけんと少しでも差別化したいという意識がはたらいたのではないかと考えられる。

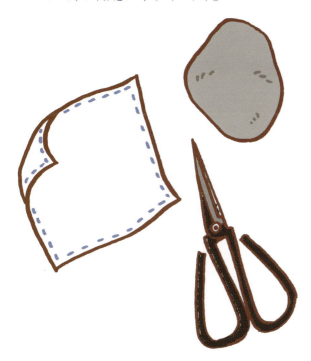

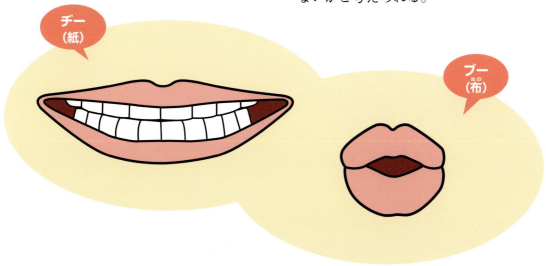

＊中国語で「紙」は zhi（ヂー）という捲舌音で、「布」は 破裂音の bu（ブー）。破裂音は、捲舌音より発音しやすい。

7 世界の「パー」の手の形の不思議

「パー」の手の形は、日本では5本の指をはなして広げる人がほとんどです。ところが、ヨーロッパやアメリカでは、指をくっつけるのがふつうです。

「パー」は手刀？

英語のじゃんけんは、Rock（ロック）Paper（ペーパー）Scissors（シザース）Go（ゴー）！ または、1、2、3（ワン、ツー、スリー）！といいながら「グー」「チョキ」「パー」のうち1つを出す。

「グー」の手の形は日本も海外でも同じ。「チョキ」も日本のものと同じだが、「パー」は日本のものとイメージが異なる。5本の指をそろえて、まるで手刀のような形で振りだすのだ。

> Rock Paper Scissors Go！
> Rock Paper Scissors 1、2、3！

「パー」は「グー」に勝つが、それは手刀で石（岩）を砕くといった感じがする。

日本では、「パー」は本拳（数拳）の「5」であり、石拳（→p12）ができてからは「紙」を意味するものになった。

どうしてＷＲＰＳ（→p15）の「パー」は手刀の形になってしまったのだろう。おそらく「紙は石を包みこむ」といった意味を考えることなく、ただ単純に手刀をPaper（ペーパー）とよんだからではないだろうか。あるいは Paper covers rock（紙は岩をおおうことができる）ことからきているのかも知れない。

その証拠に、5本の指をくっつけた手のひらを下に向けて水平に出す人も多い。

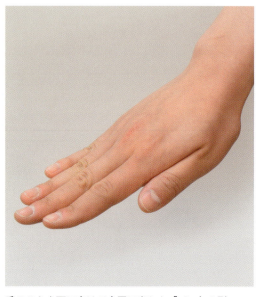

手のひらを下に向けて水平に出した「パー」の形。

8 2種類の「チョキ」

日本の「チョキ（鋏）」の手の形は、人差し指と中指の2本で鋏の刃をあらわします。ところが、かつて親指と人差し指であらわす「チョキ」がありました。

男チョキと女チョキ

本拳（数拳）の「2」と同じ、親指と人差し指を伸ばす手の形を「男チョキ」といい、また、人差し指と中指を伸ばす形を「女チョキ」ということがある。

現在は全国的に女チョキが主流で、「男チョキ」は東京で普及しなかったことから、「田舎チョキ」と揶揄されることがある。しかし、もともとのチョキは、男チョキだった。

なお、1901年発行の『日本全国児童遊戯法』のなかで、明治時代のチョキの形が紹介されているが、そこでは、すでに「女チョキ」になっている。

「男チョキ」は和鋏（写真）に似ている。和鋏は、にぎり鋏ともよばれる。

「女チョキ」は洋鋏に似ている。

そもそもじゃんけんって、なに？

じゃんけんは、いつどこでもできるあそびです。
でもいまでは、あそびというより、物事を決める際に
おこなわれることが多いようです。

勝敗を決めるための手段

早稲田大学の寒川恒夫教授（→p55）は、じゃんけんについて「極めてアジア的なあそび」とし、「五行思想にルーツがあるのか、アジアには絶対的な強者がいない世界観がある。あいこという曖昧な概念も独特だ」と述べている（『日経マガジン』2007年12月号）。

ヨーロッパやアメリカでは、何かを決めるときコインをつかっておもてかうらかの二者選択をする。コイントスには、当然「あいこ」は存在しないのだ。

2007年6月18日の朝日新聞によると、韓国の初代文化相で『ジャンケン文明論』（新潮社）を書いた李御寧（イー・オリョン）氏は、「じゃんけんは、ひとり勝ちもひとり負けもない。三すくみの力関係では、絶対的に強いものは存在しない」といっている。どちらも、三すくみという概念の背景には、奥深い哲学があることを物語っている。

じゃんけんはフランス人にはあまりなじまないといわれている。その理由は、フランス人が意思決定を偶然にまかせることを好まないことがあげられる。フランス人は、よく話しあって意思決定すべきだと考えるし、それが近代民主主義の基本だと考えているといわれる。

『ジャンケン文明論』／
李御寧 著／新潮新書刊

コイントスは、サッカーなどの球技において、最初にボールをけったり攻撃をおこなったりするチームや選手を決めるために、よくおこなわれる。

© Cosmin Iftode ¦ Dreamstime.com

じゃんけんのメリット

じゃんけんは、コイントスやくじのように道具を用意する必要がなく、すぐに決着がつくという便利さがある。

かつては、後出し（→p22）がよくおこなわれていた。そのため、じゃんけんの結果にもクレームがつけられることがよくあった。ところが「最初はグー」（→p24）がつかわれるようになってからは、そうしたことも少なくなった。

ある小学校校長の考え方

じゃんけんについて、ある小学校の校長先生がこんな話をした。「学校で席決めをする際、じゃんけんで決めることを認めるクラスのほうが、話しあいで決めるクラスより成熟しているのです。席決めの際にどんなに話しあったとしても、すべての子が納得する結論は到底出せません。だから、じゃんけんで決めたことをみんなが受けいれるクラスのほうが成熟しているといえるのです」

パート2
じゃんけんの秘密

1 昔は「最初はグー」といわなかった

「ジャンケンポン」とみんなでかけ声をかけあって、「ポン」と発すると同時に手を出します。でも、呼吸があわないこともよくあります。

昭和40年代に何がおこったか？

現在じゃんけんは、「最初はグー」といってはじめるのがふつうだ。「じゃんけん」を「いんじゃん」とよぶ人たちも、「最初はグー」という。「最初はグー」は、全国的なのだ！

でも、お年寄りのなかには、いまでも「最初はグー」をいわない、それどころか、なんのことかわからない人も多い。

それもそのはず、「最初はグー」というようになったのは、1960年代の終わりごろからだ。

しかしいまでは、「最初はグー」といわないで「ジャンケンポン」だけで突然手を出すことに違和感を感じる人のほうが多い。なぜなら、手を出すタイミングが取りにくいからだ。

昔の子どもたちは、♪あ〜と出し！あ〜と出し♪ などと歌いながら、相手の手の出し方にクレームをつけたものだった。ところが、いまでは、そんな歌声がほとんど聞かれない。「最初はグー」のおかげである。

じゃんけんをする子どもたち（1956年）。このころはまだ、「最初はグー」とはいわなかった。

三原市歴史民俗資料館蔵

「8時だョ！全員集合」

「8時だョ！全員集合」のDVDジャケット。
DVD「8時だョ！全員集合　最終盤」©TBS
発売元：TBS　販売元：ポニーキャニオン

1969～1985年、土曜日の夜8時から放送されたコント番組「8時だョ！全員集合」は、当時の子どもたちの間で大人気。その番組のドリフターズのコントが日本じゅうで真似されたものだった。そのなかに、「最初はグー」ではじまるじゃんけんがあったのだ。

2007年6月18日の朝日新聞によると、当時、ドリフターズのメンバー志村けんさんの所属事務所に取材したところ、「最初はグー」は「80年代に仲本工事さんとのコントのなかでつかっていました。それが子どもの間に広まったようです」という。

「8時だョ！全員集合」で、志村さんたちが「最初はグー」といっているのを見た記憶がある人は多いのではないだろうか。志村さんが「最初はグー」をはやらせたのは間違いないだろう。

ただし、この言葉をつくりだしたのが志村さんだとするのは間違いかもしれない。志村さんの事務所も、志村さんがどこかでそれを見て番組でやりはじめたとしている。それでも現在では、インターネット上で、次のようなことがまことしやかに伝えられている。

Wikipediaより

- あるとき、飲み会の支払いを決める際、じゃんけんをしようとしたが、みんな酔っぱらっていてなかなかタイミングが合わなかった。そのとき、志村けんさんが「最初はグーでそろえましょう！」といいだした。そこから「最初はグー」が誕生した。

- 仲本工事さんと志村けんさんがおこなったコントから広まった。そのコントの正式なフレーズは、「最初はグー、またまたグー、お次はチョキ、いかりや長介頭がパー、正義は勝つとは限らない」である。

2 なぜ「最初はグー」なのか？

全国的に「最初はグー」がつかわれていますが、どうして「最初はチョキ」とも「最初はパー」ともいわないのでしょうか。

人は緊張すると手をにぎりしめる!?

人は緊張するとなぜ手をにぎりしめるか？　について医学的な説明が必要だろうが、緊張したときに手を開く人の姿は、想像しにくいし、チョキを出す人はまず存在しないのではないか。

2002年9月25日の朝日新聞では、なぜ「最初はグー」かという質問に対し、日本女子体育大学の二階堂邦子教授の言葉として、「赤ちゃんは手をにぎって生まれてくる。だから『最初はグー』という言葉は、人間の原点をついたもの」と記されていた。

朝日新聞の記事
（2002年9月25日）

パート2　じゃんけんの秘密

グーが一番いいやすい！

「グー」「チョキ」「パー」の3つの言葉を発するときの口の動きのうち、一番口の動きが少ないのは「グー」だ。反対に、もっとも動きが大きいのは「チョキ」。「パー」という破裂音（唇を閉じてから息を勢いよくはきだす）も、口を動かすエネルギーは「グー」より大きい。こうしたことから、「最初はグー」になったと考えられないだろうか……。

グーが一番出しやすいから

なぜ「最初はグー」なのか？

この問いは、言葉だけの問題として考えるわけにはいかない。なぜなら、かけ声と同時に手の形を出すからだ。

①にぎった手　②指を2本出した手　③開いた手のうち、とっさに出しやすいのはどれか？

①と③では意見が分かれるかもしれないが、②でないことは、だれもが認めるはずだ。

ここで思いだされるのが、左ページの「人間は緊張すると手をにぎりしめる」ということ！

2人が向かいあって、これから勝負をするというとき、「最初はパー」といって、たがいに「パー」をつきあわせるというのも、まぬけな光景だ。「グー」のほうがはるかに緊張感がある。人は緊張すると手をにぎりしめるのだ。

向かいあってパーを出す2人。

向かいあってグーを出す2人。

正解は、これだ！

なぜ「最初はグー」かは、じつは歴史的に証明されているといえるのではないだろうか？

じゃんけんの手の形は、本拳（数拳）の、0と2と5の手の形と同じである（→p12）。0、2、5のうちなら、当然「最初は0」、すなわち「最初はグー」だ！

「最初はグー」を証明する3つの調査

「グー」「チョキ」「パー」のうち、一番出しやすい手の形は「グー」だといわれています。その理由は25ページに記しましたが、ここでは、その裏付けとなる調査を3つ紹介します。

桜美林大学の芳沢光雄教授の調査

朝日新聞が「じゃんけん博士の異名をとる」と紹介した桜美林大学の芳沢光雄教授は「延べ725人に10回から20回のじゃんけんをしてもらい、11567回もの勝負データを集めた」結果、「グー」を出す確率が35.0％で一番高く、次が「パー」で、33.3％。「チョキ」は、31.7％だったという（日経マガジン2007年12月号）。「パー」は、全体の3分の1だったが、「グー」と「チョキ」の差は、3.3ポイントある。これをわずかな差と見るか、大きな違いと見るかは考えどころだ。

世界じゃんけん協会（WRPS）の調査

カナダに本部がある世界じゃんけん協会（WRPS→p15）は、2002年から世界大会をおこなっている。これは世界でもっとも多くの人が参加するじゃんけん大会として知られ、『ギネス世界記録』にも参加者数の記録が載った*。

WRPSによる調査でも、統計的には「Rock（グー）」を出す人が一番多いということだ。

「じゃんけん必勝法！」
（『日経マガジン』2007年12月号より）

世界じゃんけん大会の記録が紹介された『ギネス世界記録2008』（ポプラ社）の紙面。

＊筆者は、2004年から2008年まで『ギネス世界記録』の日本語版の編集長を担当した。その際の取材による。

AKB48じゃんけん大会の調査

あるテレビ局では、AKB48じゃんけん大会に関する番組制作に際し、次の大会での勝敗を予想するために、多くのスタッフが過去の大会の録画を見て、「グー」「チョキ」「パー」の出方を徹底的に調べた。その結果でも、グーを出す割合が高かったという*。

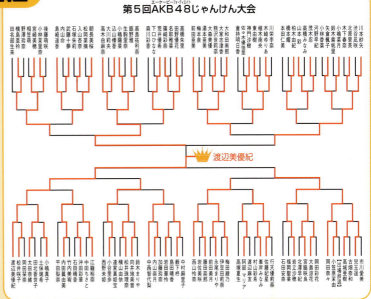

2014年9月17日に開催された大会のトーナメント表。

© AKS

*2012年7月、筆者のところに取材に来た日本テレビのディレクターから聞いた番組制作の裏情報。

3 どうして「グー、チョキ、パー」っていうの？

25ページでは、なぜ「最初はグー」かの質問に対し、「グー」が一番出しやすいと記しました。でも、なぜ「グー、チョキ、パー」の順番なのでしょうか。

グー、チョキ、パーの手の出しやすさ

「最初はグー」であるのは、「グー、チョキ、パー」だからだ。否、一般に「パー、チョキ、グー」でも「チョキ、グー、パー」でもなく、「グー、チョキ、パー」というから、「最初はグー」なのだ。

これではまるで鶏が先か卵が先かといった話となり、まったく説得力がない。そこで、次のように考えてみたい。「グー」「チョキ」「パー」の並び方は、下の6通りある。

それぞれの手の形をすばやく出してみる。一度ではなく、連続で何度も。すると、おそらく多くの人が「グー、チョキ、パー」の順が一番出しやすいと感じるはずだ。それは、「グー」のにぎった手を「チョキ」にしてから「パー」へ開いていくからだ。開いてからにぎりなおすような動きがない分、効率的な動作になる。

こう見ると、「グー、チョキ、パー」の手の動きが一番自然で、「パー、チョキ、グー」でも「チョキ、グー、パー」でもないことがわかる。

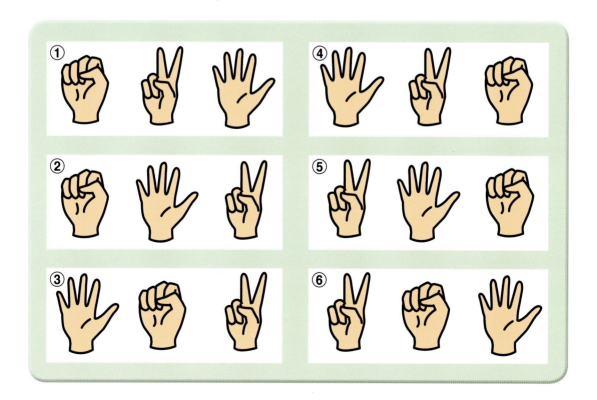

グー、チョキ、パーの言葉のいいやすさ

これについても、25ページと同じように実際に発音して試してみると、「グー、チョキ、パー」がもっともいいやすいことは、多くの人が認めるはずだ。なぜなら、口を閉じた状態から開いていくので、「グー」→「チョキ」→「パー」の口の動き方が、一番無理がないからだ。

唇をほんの少しつきだすように、軽く開けて発音する「グー」から、軽く開けたまま横に開いて音を出す「チョキ」へ、その後、唇を一度閉じてから息を破裂させるように、「パー」と発音するのは、経済的な口の動きというわけだ。

「パー」といって大きな口を開けてから「グー」と閉じるのは、口の動きにむだがあるといえる。

外国語でも

英語の「ストーン／ロック」「ペーパー」「シザース」もやはり、英語を話す多くの人にとって、その順番が一番いいやすいという。また、韓国の「カウィ バウィ ボ」も、中国語の「シートウ ジェンタオブ」も言葉のいいやすさによって、順番が決まっていると考えられるのだ。

4 一番勝つ確率が高いのは「パー」?

26ページで「グー」を出す人が多いことがわかりました。もしそうなら「パー」を出せば、もっとも勝つ確率が高いことになるはずですが、果たして……。

じゃんけんに勝ち方がある?

「じゃんけんの勝ち方」は、あるかないか? それは「ない」といえばないけれど、「ある」といえばあるのではないか。

1回勝負のじゃんけんの場合、「グー」を出す人の確率が高い (→p26) ので、当然勝つ確率が高いのは「パー」ということになる。しかし、これはカンや読みといったものが一切考慮されない場合のことである。

相手も「グー」が出やすいことを知っているはずだと考えて、その裏をかこうとする人がいる。相手の手を読もうとする人が多いなら、確率なんて関係なくなってしまうはずだ。

それでも、あいこになった場合には、瞬間に相手の手を読むのは最初よりむずかしくなってくるだろう。よって、あいこが何度も続くときには、しだいに「グー」を出す確率が高まってくるといえる。また、連続で何回も勝負する場合には、やはり確率論が頭をもたげることになる。

あいこになった場合

じゃんけんであいこになる確率は、単純に考えると9分の3＝33.3％となる（下表の◎印）。

26ページに登場したじゃんけん博士も、世界じゃんけん協会も、それぞれの調査の結果、あいこになった場合、次で勝つ可能性の高い手の出し方があるといっている。これは、両者とも同じ結論である。

じゃんけん博士は実験で、「2回続けてじゃんけんをした10833回のうち、同じ手が続いたのは2465回。22.8％だ。確率で考えると、3分の1どころか4分の1もない。つまり、同じ手は出ない可能性が高い」と述べ、「あいこになった場合、その手の形に負ける手を出せば、勝つ確率が高い」と結論づけている（日経マガジン2007年12月号）。

つまり「パー」であいこになった場合、次に出す手の形は「グー」か「チョキ」の可能性が高いので、「グー」を出せば、少なくとも負ける可能性は低くなるというのだ。

なお、この結論は、32ページで紹介する世界じゃんけん協会と同じである。

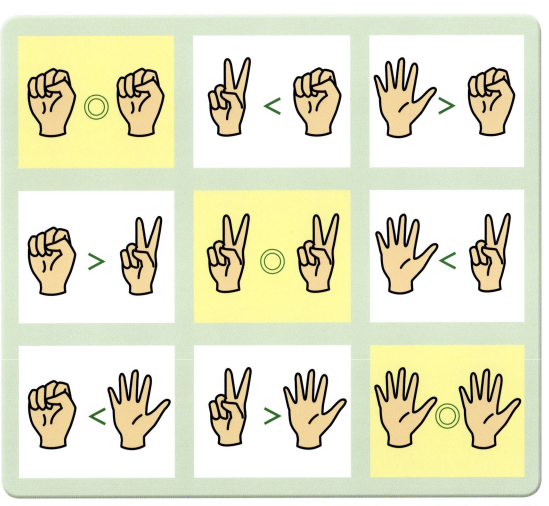

◎：あいこ　勝ち＞負け　負け＜勝ち

WRPSによる「じゃんけんに勝つための7か条」

WRPS（→p15）は、じゃんけんの戦術は「相手から特定の選択を取りのぞくこと」「相手がなにを出すのかを見極めること」といっています。

WRPSのホームページ

WRPSは、その公式ホームページで、じゃんけんの勝ち方について、具体的な7つのテクニックを発表している。英文によるものを翻訳すると、右ページのようになる。

WRPS公式ホームページ（http://www.worldrps.com/）。

1 なにも考えない相手には「パー」が有効。

2 じゃんけんに自信をもつ人、強いといわれている人は、「グー」を出しにくい。そのため、「チョキ」を出せば、勝つか悪くても「チョキ」どうしであいこなる。

3 同じ手が続けば、次はその手に負ける手を出すのがいい（31ページでじゃんけん博士が出した結論と同じ）。

4 自分の出す手を宣言すると、勝つ可能性が高まる。
「グー」を出すと宣言すると、相手は「本当にグーを出すはずがない」と疑い、「パー」を出さず、「チョキ」か「グー」を出す。そこで、自分が「グー」を出せば、勝つかあいこのどちらかになる。これは疑い深い性格の人に対して有効。

5 相手に考えさせないように、声を出して相手をせきたてる。すると相手は追いこまれて、直前に勝った手を出す確率が高まる。

6 勝負の前に、「グー、チョキ、パー」と口に出しながら手の形を相手に見せる。これを何度も繰り返すと、相手の頭に無意識のうちに「グー → チョキ → パー」という順番がすりこまれて、その順番で手を出す。

7 「パー」「チョキ」が出る確率は低いので、「パー」を出せば、負ける可能性は低い。

Who invented RPS?（だれがじゃんけんを発明したのか？）

WRPSは、じゃんけんの発明について「だれがRPSを発明したか？ これは非常にむずかしい問題だ」としている。残念ながら日本の発明（made in Japan／日本製）であるとはしていない。

5 いろいろな三すくみ拳

三すくみ拳には、「じゃんけん」「形体拳」のほかにも、足をつかったり、顔や舌をつかったりするものがあります。

足拳

現在も日本の各地には、「足拳」「顔拳」「舌拳」などとよばれる三すくみ拳が伝わっている。「足拳」は、足で「グー、チョキ、パー」とあらわす。

グー
両足をそろえて立つ

チョキ
両足を前後にずらして立つ

パー
両足を少し開いて立つ

「足拳」は、「軍艦じゃんけん」ともよばれる。全国各地で、さまざまなルールがつくられているが、基本は、ほぼ次のようだ。

- 「グー」を「軍艦」、「チョキ」を「沈没」、「パー」を「ハワイ」とよぶ。地方によりよび方はいろいろある。
- じゃんけんなどで親を決める。
- 親は「軍艦、軍艦、沈没」や「沈没、ハワイ、沈没」などとかけ声をかけながら、足の形をかえていく。
- 子も親に調子をあわせて、足の形をかえていく。
- 3つ目の足の形で、勝敗が決まる。勝敗は、「軍艦」＞「沈没」＞「ハワイ」＞「軍艦」となる。

顔拳、舌拳

「顔拳」「舌拳」は、文字通り「顔」または「舌」をつかってするじゃんけんで、声を出さないでおこなうことができる。

「グー」「チョキ」「パー」にあたる顔または舌の形は、下のイラストの通り。

顔拳
- **グー** 口をすぼめる。
- **パー** 口を大きく開ける。
- **チョキ** 舌をペロンと出す。

舌拳
- **グー** 舌を丸める。
- **パー** 舌をペロンと出す。
- **チョキ** 舌を細くする。

パート2　じゃんけんの秘密

6 「最初はグー、○なしじゃん！」

「最初はグー」といってから、かけ声をかける人が「○なしじゃん」といい、その声にしたがって○以外の手の形を出す。これは、新しいじゃんけんです。

かんたんそうだが……

「グーなしじゃん！」といわれた場合、「パー」か「チョキ」で勝負する。「パー」を出したら負けるのはいうまでもない。

「チョキなしじゃん！」といわれた場合、「グー」か「パー」で勝負するが、もちろん「グー」を出すと負け！

かんたんそうだが、「○なしじゃん」といわれて、とっさに残り2つのうちの勝つ手を出すのは、意外とむずかしい。

このじゃんけんは、2人でも3人以上でもできる。かけ声をかける人は、あいこになったときに順番で交替する。

「最初はグー」でタイミングをそろえるが、「最初はグー、グーなしじゃん」という妙なかけ声になる場合もある。

実践編

パート1 で、じゃんけんのルーツ、パート2 で、じゃんけんの秘密を見てきました。さあ、ここから世界のじゃんけんをやってみましょう。

①世界のじゃんけんリスト

日本から伝わったと考えられる「グー、チョキ、パー」のほか、世界には、いろいろな拳あそびがあります。世界のじゃんけんを表にまとめて見てみましょう。

	国 名	日本の**グー**にあたる手の形の意味	日本の**チョキ**にあたる手の形の意味	日本の**パー**にあたる手の形の意味
となりの国	中国(北京)	石	鋏	布
	中国(香港)	ハンマー	鋏	布
	中国(上海)	ハンマー	鋏	爆発
	台湾	石	鋏	布
	韓国	岩	鋏	紙または布
	モンゴル	40ページ参照		
東南アジア	マレーシア	42ページ参照		
	シンガポール	43ページ参照		
	インドネシア	44ページ参照		
	ベトナム	石	鋏	布
	タイ	石	鋏	紙
	カンボジア	石またはハンマー	鋏または針	紙
	ミャンマー	10ページ参照		
	ラオス	ハンマー	鋏	紙
	ブルネイ	石	鋏	紙
太平洋の国ぐに	フィリピン	石	鋏	紙
	グアム	石	鋏	紙
	オーストラリア	石	鋏	紙
	ニュージーランド	岩	鋏	紙
中東・西アジア	ネパール	46ページ参照		
	パキスタン	46ページ参照		
	イラン	石	鋏	紙
	トルコ	サハル(石)	マカス(鋏)	ワラカ(紙)
	オマーン	石	鋏	紙
	サウジアラビア	47ページ参照		
	アラブ首長国連邦	47ページ参照		

実践編

	国 名	日本の**グー**にあたる手の形の意味	日本の**チョキ**にあたる手の形の意味	日本の**パー**にあたる手の形の意味
ヨーロッパ	イギリス	石	鋏	紙
	フランス	50ページ参照		
	イタリア	50ページ参照		
	ドイツ	51ページ参照		
	スペイン	石	鋏	紙
	オーストリア	石	鋏	紙
	ポーランド	石	鋏	紙
	セルビア	51ページ参照		
	チェコ	石	鋏	紙
	スロバキア	石	鋏	紙
	ブルガリア	石	鋏	紙
	ギリシャ	石	鋏	紙
	スウェーデン	石	鋏	紙、袋
	デンマーク	石	鋏	紙
ロシア	ロシア	カーミィェニ(石)	ノージュニツゥイ(鋏)	ブマーガ(紙)
アフリカ	エジプト	52ページ参照		
	セネガル	石	鋏	紙
	ジンバブエ	石	鋏	紙
	モロッコ	石	鋏	紙
	タンザニア	52ページ参照		
南・北アメリカ	ブラジル	53ページ参照		
	アルゼンチン	石	鋏	紙
	チリ	石	鋏	紙
	エクアドル	53ページ参照		
	アメリカ	石	鋏	紙
	カナダ	石	鋏	紙

	じゃんけんの名称	**グー**にあたる手の形の意味	**チョキ**にあたる手の形の意味	**パー**にあたる手の形の意味
日本	虫拳(むしけん)	蛇(へび)	蛙(かえる)	蛞蝓(なめくじ)
	庄屋拳(しょうやけん)	庄屋(しょうや)	鉄砲(てっぽう)	狐(きつね)
	本拳(ほんけん)	9ページ参照		
	足拳(あしけん)	両足をそろえる	右足と左足を前後に交差する	両足を開く
	舌拳(したけん)	舌を丸める	舌を細くする	舌をベロンと出す
	顔拳(かおけん)	口をすぼめる	舌をベロンと出す	口を大きく開ける
	グーなしじゃん	35ページ参照		
	いっせいのせ	8ページ参照		
	両手じゃんけん	53ページ参照		

②現代中国の拳あそびいろいろ

広い中国には、地方・時代によってさまざまなじゃんけんがあります。
北京、上海、香港、そして現在は別の国になっている台湾について見てみましょう。

北京

北京では、じゃんけんをするときのかけ声は、ふつう「猜猜猜（ツァイツァイツァイ）」という。「猜」という漢字は、中国語では「あてる」という意味。また、「1、2、3」（イー、アー、サン）といって、3（サン）のときに手を出すこともある。

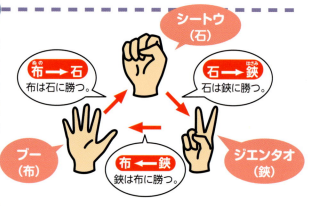

上海

じゃんけんの手の形は日本と同じだが、それぞれの形の意味は、ハンマー、鋏、爆発。ハンマーは鋏に勝ち、鋏は爆発に勝ち、爆発はハンマーに勝つ。

香港

じゃんけんの手の形は、日本と同じ。北京では「グー」は石をあらわすのと違い、「グー」はハンマー、「パー」は布、「チョキ」は鋏をあらわす。

また、グループ分けをするときなどにつかう、香港式の「グーパーじゃん」もある。「グー」「パー」の代わりに、手の甲と手のひら、どちらかを出すというもの。日本の「うらおもてじゃん」（→p41）とまったく同じだ。

さらに、「グーパーじゃん」を発展させたようなあそびもある。

これは、2人で向かいあって親を決め、親が、0、5、10、15、20のうちの1つをいうと同時に、2人が両手で「グー」か「パー」を出すというもの。

2人が出した4つの手が全部「グー」なら0。「パー」が1つなら5、2つなら10、3つなら15。4つ全部が「パー」なら、20だ。親がいった数が、2人の出している手の合計とあったら親の勝ち。

実践編

台湾

じゃんけんの手の形は日本と同じ。「シートウ、ジエンタオ、ブー」とかけ声をかけ合いながらする（「イー、アー、サン」ともいう）。勝負がつくまでくり返す。

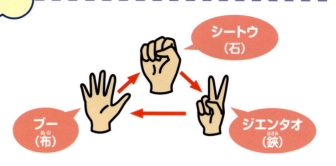

中国のかわったじゃんけんあそび

中国には、じゃんけんのほかにも、2人が指で勝ち負けを決める手あそびがある。これは、7世紀はじめの唐の時代からあるともいわれている。いくつか紹介しよう。

内拳令（ネイチュアンリン）

2人が同時に数をいいながら指を出す。いった数と、2人の出していない指の合計数が同じになった人の勝ち。2人とも外れた場合、または2人ともがいい当てた場合、あいことなり、もう一度勝負する。

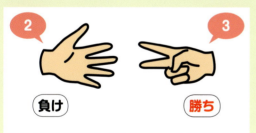

外拳令（ワイチュアンリン）

上の「内拳令」とやり方は同じ。ただし「内拳令」とは逆に、いった数と、2人の出した指の合計数が同じになった人の勝ちとなる。

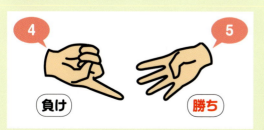

老虎令（ラオフーリン）

2人が同時に指を1本出す。小指以外の4本の指をつかう。親指が虎、人差し指が鶏、中指が虫、くすり指が棒をあらわす。

虎は鶏を食べ、鶏は虫を食べ、虫は棒を食べ、棒は虎をたおす。2人の指がとなりあった場合、食べられた（たおされた）ほうが負けとなる。となりあわなかったときは、もう一度指を出す。

指を1本だけ出すじゃんけんは、日本にもある（→p6）。

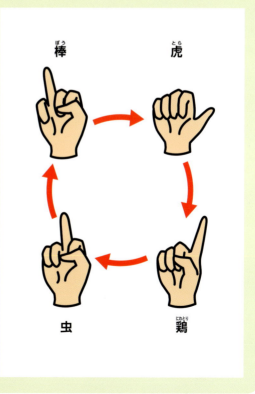

③東アジア・東南アジアのおもしろ拳

韓国の「ムク　チ　パー」、モンゴルやマレーシアの五すくみなど、ふしぎな拳あそびを紹介します。

韓国の「ムク　チ　パー」

「ムク　チ　パー」というあそびを紹介しよう。まずは、じゃんけんをする。勝った瞬間、負けた人（A）に向かって「ムク」「チ」「パー」（それぞれ、グー、チョキ、パーの意味）のどれかを叫びながらその手の形を出す。同時に（A）は、違う手の形を出さなくてはならない。声につられないで違う手の形を出せたらセーフ。でも、このときの（A）の手の形が、じゃんけんで負けていれば、相手がもう一度「ムク」「チ」「パー」のどれかを叫ぶ。逆に、勝っていれば、こんどは、（A）が「ムク」「チ」「パー」のどれかを叫ぶことになる。日本の「あっち向いてホイ」とよく似ている。

なお、「ムク　チ　パー」は日本語からきたことばで、軍艦の「ぐ」が「ムク」になり、沈没の「ち」が「チ」、破裂の「は」が「パー」になったといわれている。

また、このあそびに「軍艦」「沈没」など戦争と関係していることばがつかわれていることからも、植民地時代に日本から韓国に伝わったと考えられる。

モンゴル

モンゴルのじゃんけんは、おもしろい。

「よしっ」といった意味のかけ声をかけると同時に、5本の指のどれか1本を出す。小指はくすり指に、くすり指は中指に、中指は人差し指に、人差し指は親指に、親指は小指に勝つ（図1）。となり同士の指が出ない場合はあいこだ。

3人でする場合、たとえば、Ⓐが親指、Ⓑが中指、Ⓒがくすり指を出したとする。勝負はⒶとⒷ、ⒶとⒸの間ではあいこ。ⒷとⒸの間では、くすり指を出したⒸの勝ち。

そこで、こんどはⒶとⒸの2人でじゃんけんする（図2）。

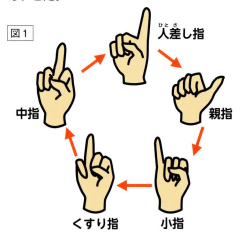

図1

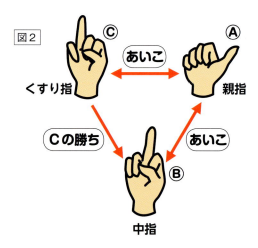

図2

実践編

同じように、4人以上でおこなうときも、同時に指を出すが、勝負はとなり同士の指で決まる。こんな場合もある。Ⓐが親指、Ⓑが中指、Ⓒがくすり指、Ⓓが小指を出した場合、Ⓑに勝ったⒸはⒹに負けていて、Ⓒに勝ったⒹも、Ⓐに負けているから、親指を出したⒶが一気に勝ち上がることになる（図3）。

人数が増えてくると、なんだかこんがらがってしまいそうなじゃんけんだ。

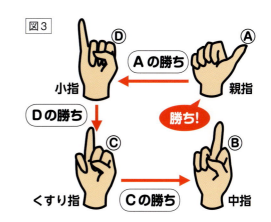

図3

ふしぎなじゃんけん

左ページで見たとおり、モンゴルのじゃんけんは5つの手の形をつかう。

もちろん、3つの手の形をつかう3パターン（三すくみ）のじゃんけんには、「グー」「チョキ」「パー」のほかにも、いろいろな手の形がある。

それでは、2パターンや4パターンなど、3パターン以外のじゃんけんは、あるのだろうか？

答えは、ズバリ「イエス」。

2パターンは、パキスタン（→p46）やセルビア（→p51）にある。4パターンのじゃんけんはフランス（→p50）にあるし、5パターンは、マレーシア（→p42）にある。そして、日本には2パターンや6パターンのじゃんけんもある。

2パターンなら、よく知られているものに「グーパーじゃん」がある。

「グーとパッ」「グーパーじゃん」「グッパーでホイ」などのかけ声をかけながら、「グー」か「パー」を出す。かけ声は、日本国内でも地域によっていろいろな種類がある。

さて、「グーパーじゃん」と基本的に同じ仕組みの「うらおもてじゃん」を知っているだろうか。実は、38ページの香港のじゃんけんと46ページのネパール、パキスタンのじゃんけんも「うらおもてじゃん」だ。

日本では、「うーらぁおもて」「うらおーもて」と、リズムをつけてかけ声をかけながら、手のひらか手の甲を出す。九州地方では「うーらかおもてんぷらこっこ　こけこっこ」などというかけ声もある。

ところで、6パターンのじゃんけんとは、いったいどんなものだろう？

これは、「本拳」（長崎拳ともいう）とよばれ、じゃんけんが中国から日本に伝わってきたころからある古いじゃんけん。しかし、いまではあまりおこなわれなくなってしまった。やはり、手の形が6つもあると、むずかしいからかもしれない。（「本拳」については9ページで紹介している。）

マレーシア

「ワン・ツー・ズーム」とかけ声をかけておこなう。手の形は5種類。手のひらを上に向けると水、下に向けると板をあらわす。指先をすぼめると小鳥、人差し指と親指をつきだして拳銃、手を「グー」の形にして岩をあらわす。水をのむことができる小鳥は水に勝ち、拳銃は小鳥を撃ちおとすことができるので拳銃が勝つ。水は拳銃を沈めてしまえるので水が勝ち、岩も水に沈むので水の勝ち。板は水に浮くから板が勝つ。また、岩は板を打ちこわすことができるので岩の勝ち。手の形の種類が多いと、いろいろな組みあわせがあっておもしろい。

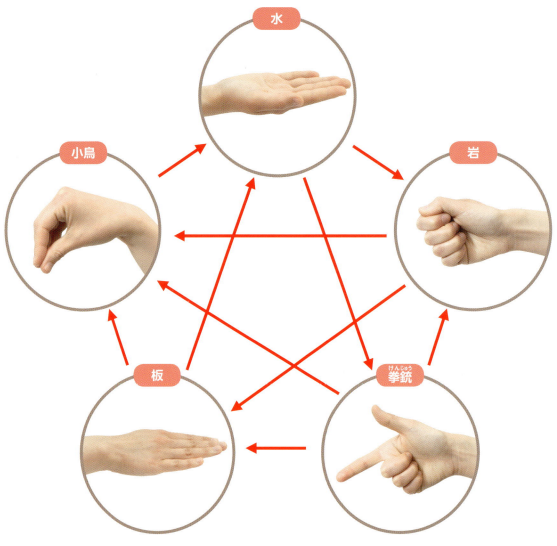

実践編

シンガポール

　シンガポールの公用語は英語。じゃんけんも英語で「Scissors, Paper, Stone（シザース、ペイパー、ストーン）」といいながら手を出す。それぞれ鋏、紙、石の意味だ。手の形も日本と同じ。このじゃんけんは、おもに中国系の人がつかっている。

　このほかに、竜は水に、石は竜に、水は石に勝つというじゃんけんもある。竜は指先をすぼめて、水は手のひらを上に向けてあらわし、石は日本の「グー」と同じ形。
　かけ声は「チュム・チュム・パット」という。

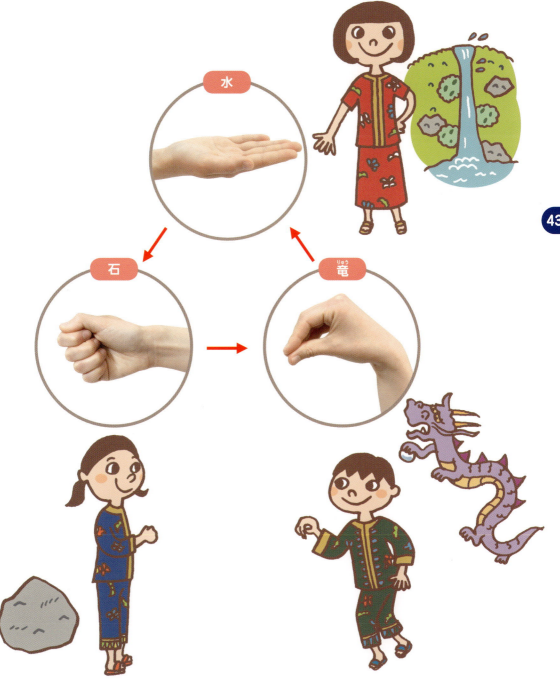

インドネシア

インドネシアのじゃんけんの手の形は、ゾウ（グーから親指を立てる）、人間（人差し指だけ立てる）、アリ（小指だけ立てる）の3種類。

「Suit!」のかけ声でおこなう。ゾウは人間より強く、人間はアリより強く、アリはゾウより強い。

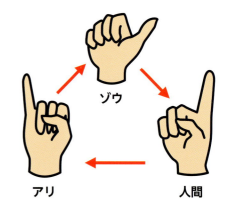

ベトナム

「モッ・ハイ・バー」あるいは「ワーン・トゥー・ティー」とかけ声をかけて、じゃんけんする。手の形は日本とよく似ている。ただし、鋏は人差し指だけを立てる。

かけ声をかけてから、「ザー・カイ・ジー」（なに出すの？）「ザー・カイ・ナイ」（これを出す）といって、3つの手の形のうちのどれかを出して、じゃんけんする。

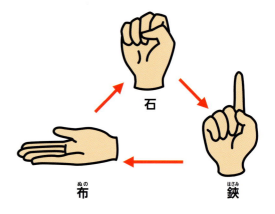

タイ

タイのじゃんけんは日本と同じ。かけ声は「オーノーイオーク」などという。

また、じゃんけんをする人全員が、いっせいに手のひらを上か下に向けて手を出し、上に向けた人の方が多ければ、その人たちの勝ち、少なければ負け、というやり方もある。これも日本の「うらおもてじゃん」と同じだ（→p41）。

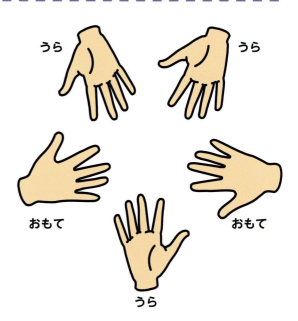

実践編

カンボジア

　手の形は3つで、「パー」が紙、「チョキ」が鋏か針（人差し指を1本出す）、「グー」が石かハンマーをあらわしている。ベトナムのじゃんけんとよく似ている。
　「パウ、シン、シュム」（じゃんけんをするという意味）と、声をかけておこなう。カンボジアでは、チームや勝負を決めるときなど、大人もじゃんけんをする。

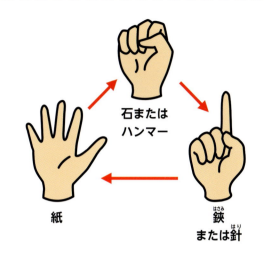

ラオス

　ラオスのじゃんけんは「ティーソム」という。手の形は、日本と同じだ。「グー」はカン・ムー、「チョキ」はミー・タッ、「パー」はチアとよぶ。
　かけ声は「ティーソム」で、あいこになった場合は、続けて「ソム」といいながら手を出す。

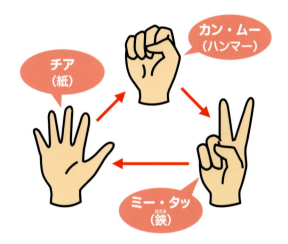

ブルネイ

　ブルネイのじゃんけんは「オソム」とよぶ。手の形は日本と同じ。「グー」はバトゥ、「チョキ」はグンティン、「パー」はクルタスという。それぞれ、石、鋏、紙をあらわす。じゃんけんをするときのかけ声は、「オーソム」という。

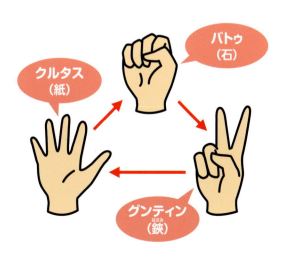

④中東・西アジアのおもしろ拳

この地域にも、おもしろい拳あそびがあります。
また、近年は、日本のじゃんけんがアラビア語でおこなわれるようになりました。

ネパール

手のひらを上か下のどちらかに向けていっせいにさし出す。日本の「うらおもてじゃん」（→p41）と同じだ。同じ方向に向けた人の数が多い方が勝ち、少ない方が負け。

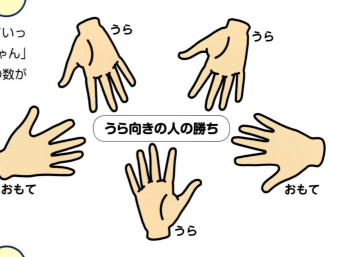

パキスタン

ルールはネパールと同じ。「1、2、3」というかけ声で、日本の「うらおもてじゃん」をする。全員が同じ向きの手を出したら、あいこ。

イラン

「Sang, Kheinchia, Kaghaz（サング、ケインチ、カーガズ）」とかけ声をかけ、「カーガズ」のところで手をさし出す。

手の形は、日本の「グー、チョキ、パー」と同じ。その意味も、サングが石、ケインチが鋏、カーガズが紙と、日本と同じだ。

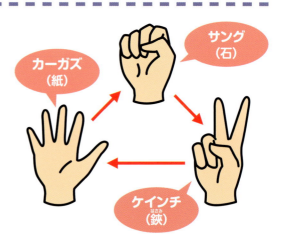

サウジアラビア

じゃんけんとはちがうが、次のようなあそびがある。なん人かの中でひとりの勝ちを決めるときなどには、片手の5本の指のどれかに小さなもの（くっつくもの）をかくし、背中にまわして、相手にどの指にかくしたかをあててもらうというものだ。

あててもらうときは、自分のもう一方の手をさし出し、相手にどの指かをさしてもらう。

アラブ首長国連邦

はじめに親を決める。親は1から5までの適当な数字を1つ紙に書く（他の人には見えないようにする）。親以外の人は、「ヤッラ・ヤシャバ」（せーの）といいながら、5本の指のうち、何本かを立てた片手をみんないっせいに出す。紙に書かれた数字と同じ本数の指を立てた人の負け。同じ数の人が何人かいる場合は、同じことをくり返す。

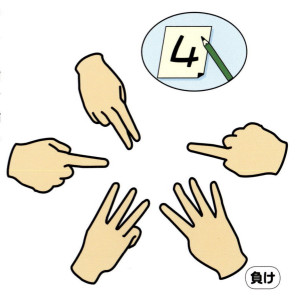

負け

じゃんけんのない世界、インド・スリランカ・アフガニスタンでは

じゃんけんとは、そもそも、何？　何のためにするのか？

大きく分けると、何かを決める手段につかう場合と、じゃんけんそのものをあそびとしてたのしむ場合があるのではないだろうか。

さらに分けると、何かを決める場合の何かには、いいことを決めるとき（勝った人がいちばんいいものを選ぶなど）と、悪いことを決めるとき（おにを決めるなど）がある。

ところで、なにかを決めるとき、コインのうらおもてをあてる方法があるが、この方法は、洋の東西を問わず、広くつかわれている。アメリカ人も、ヨーロッパの人たちも、そして、インドの人も……。

実は、アジアでは、インドとスリランカなどは、じゃんけんがない国といってもいい。そのかわりに、コインがつかわれているというわけだ。そして、コインをもたない子どもたちはというと、小石を左右どちらかの手ににぎってあてさせたりするそうだ。

一方、じゃんけんそのものをたのしむというと、どんなあそびのことだろう。その典型が「あっち向いてホイ」かもしれない。

また、6ページからの日本のじゃんけんの歴史でくわしく紹介しているように、日本人は、じゃんけんをみごとにあそびにしてきた。だからこそ、これまで、実にたくさんのじゃんけんを考えだしてきたといえる。

ここで、アフガニスタンの子どもたちが、なにかを決めるときのやり方「アタリータル」を紹介しよう。

アタリータル

何人かで、向かいあって輪になる。だれかが、歌を歌いながら、ひとりずつ肩をたたいてまわる。最後の「ト・ワ・ケェズ」（立ちなさい）で肩をたたかれた人が選ばれるのだ。

実践編

⑤ヨーロッパのおもしろ拳

ヨーロッパには日本のじゃんけんが早い時期に伝わり、各言語でおこなわれています（→p14）。ここでは、それとは異なるおもしろい拳あそびを紹介します。

ギリシャ

ギリシャで広く知られているじゃんけんの手の形は日本と同じ。「グー」をペトロ、「チョキ」をプサリーディ、「パー」をハルティとよぶ。また、最近になって「鉛筆」をあらわすモリビという手の形を入れるじゃんけんも知られるようになってきた。鉛筆は、石にも紙にも書けることから、グーとパーに勝てる（チョキに負ける）。モリビは、人差し指を下に向けた形だ。

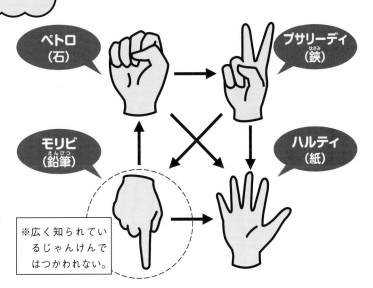

※広く知られているじゃんけんではつかわれない。

イギリス

「石、鋏、紙」という日本のじゃんけんの意味を、そのまま英語にして、「Rock, Scissors, Paper（ロック、シザース、ペイパー）」というかけ声がつかわれる。手の形も同じだ。

また、スプーフ（spoof）というあそびがある。3人が集まって3枚ずつコインをもち、両手を後ろにまわす。コインを左右の手に分けて、右手だけをさし出し、3人の右手にあるコインの合計数を、ぴったりあてた人の勝ち。

イタリア

2人でおこなうあそび。はじめに、それぞれが偶数か奇数かを予想する。「Alle bombe del cannon pim pum pam」(大砲の爆弾のようにドーンドーンドーン)と歌い、歌が終わると同時に片手の指を何本か立てる。2人の指の合計が1、3、5、7、9ならば、はじめに奇数と予想していた方の勝ち。0、2、4、6、8、10ならば、偶数と予測していた方の勝ちだ。

モーラ（morra）

イタリアでは、昔から「モーラ（morra）」とよばれるあそびがある。

中国からペルシャ（いまのイラン）、そしてイタリアに伝わったといわれる古典的なじゃんけんだ。2人が親と子に分かれておこなう。

やり方は、かけ声にあわせて、2人同時に親指、人差し指、小指のどれか1本を立てる。立てた指が2人とも同じだったときは親の勝ち、違っていれば子の勝ちとなる。勝った方は、「いち～」という。

次にまた、かけ声をかけ、3本の指のうちどれかを立てる。こんども勝てば「に～」という。

同じことを続ける。親は3回、子は5回勝てば、最終の勝者になれるというあそびだ。

2人が同じ指のときは親の勝ち。　　ちがうときは、子の勝ち。　　親は3回、子は5回勝てば、最終の勝者となる。

フランス

フランスは「ことばの国」といわれている。なにかを決めるときは、子どもたちも話しあって決めることが多い。でも、次のようなじゃんけんをすることもある。

手の形は4種類で、日本の「グー」と同じ形の石、手をすぼめて井戸、「パー」は木の葉、「チョキ」は日本と同じ鋏をあらわす。

石は鋏を切れなくすることができるので、石が勝つ。井戸は石と鋏を沈められるので、井戸の勝ち。木の葉は石を包み、井戸をふさぐことができるので、木の葉の勝ちになる。

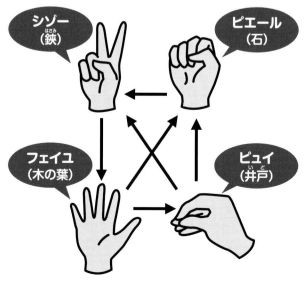

ドイツ

じゃんけんの手の形は、鋏、石またはハンマー、紙、井戸の4種類がある。地方によって、また、あそぶ子どもによっても、どの形をつかうかがかわる。

3パターン（三すくみ）の場合は、日本と同じように、鋏が紙に、石（あるいはハンマー）が鋏に、紙が石に勝つ。

井戸が入って四すくみになると、井戸は、鋏と石（あるいはハンマー）に勝つ（井戸の中に投げこまれるから）。石（あるいはハンマー）は鋏に勝ち、鋏は紙に勝ち、紙は井戸や石に勝つ（井戸をふさいだり、包んだりできるから）。

三すくみのとき

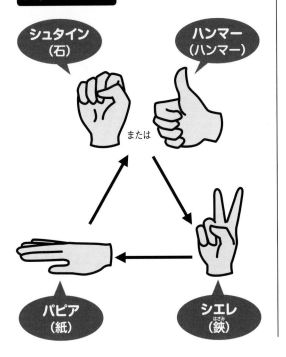

四すくみのとき

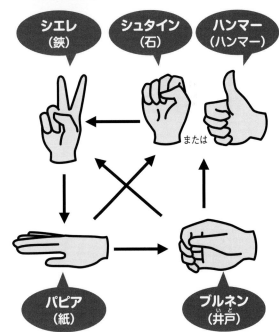

セルビア

日本の「グーパーじゃん」と似ている。「ジミ・ザミ・ズム！」とかけ声をかけて、いっせいに「グー」か「パー」を出す。

「グー」と「パー」、どちらかをひとりだけで出した人が「負け」だ。勝ち負けというより、ひとりを選ぶときにやることが多い。3人以上でおこなう。

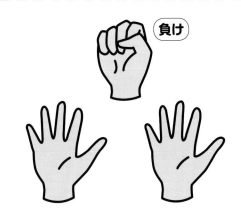

⑥その他の地域のおもしろ拳

ここでは、アフリカ、南アメリカの国の拳あそびを見てみましょう。
また、両手でおこなうじゃんけんについても紹介しましょう。

エジプト

エジプトには、手のひらと手の甲をつかった3人でするあそびがあって、じゃんけんと似たつかい方をする。

まず歌を歌い、みんなの片手を重ねたり、あわせたりしながらおどる。歌いおわると同時に、手のひらを上か下に向けてそれぞれ自分の胸に置く。上に向ける場合は小指側、下に向ける場合は、親指側を胸にあてる。

たとえば、ひとりが手のひらを上に向け、残り2人が下に向けたとすると、上に向けた人の負けとなる。

タンザニア

タンザニアには、日本のようなじゃんけんはなく、「うらおもてじゃん(→p41)」のようなあそびがある。

まず、みんなで輪になる。合図とともにみんなで同時に手のおもてかうらのどちらかを出す。手のおもてとうらで、ひとりだけ違うものを出した人が負けとなる。

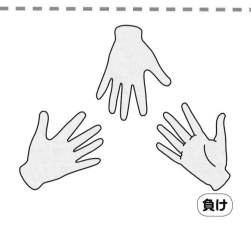

負け

ブラジル

まずはじめに、じゃんけんをする人はそれぞれ「奇数」か「偶数」かを決め、宣言する。両手の10本の指のうち、好きな指だけ立てて、合図と同時に手をさし出す。みんなが出した指の数の合計が奇数なら、はじめに奇数と宣言した人の勝ち。偶数なら偶数と宣言した人の勝ち。50ページで紹介したイタリアのあそびと似ている。

合計が12だから偶数の人が勝ち！

エクアドル

ブラジルと同じように、まず、ひとりひとりが、じゃんけんの前に偶数か奇数かを決めて宣言する。みんなで同時に指を何本か出し、指の数が宣言した通りになった人の勝ち。

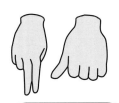

合計が9だから奇数の人が勝ち！

両手じゃんけん

相手と向かいあって、両手でグーチョキパーのいずれかの手の形を出す。自分の右手と相手の左手でじゃんけんの勝負となり、同時に、自分の左手と相手の右手でもじゃんけんの勝負となる。右手と左手の両方でじゃんけんに勝った人が、勝者となる。

片手がじゃんけんに勝っても、もう片手が負けかあいこになった場合は引き分けで、もう一度勝負する。

右手と左手で同じ手の形を出してしまった人は、その時点で負けになる。あわてて同じ手の形を出さないように、注意が必要だ。

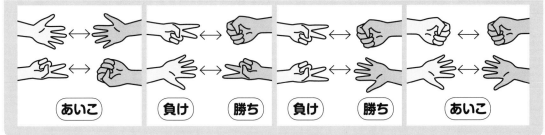

⑦ 多すくみじゃんけん

近年、じゃんけんは世界に広がるとともにどんどん変化しています。三すくみだけでなく、四すくみや五すくみ、それ以上というじゃんけんも開発されています。

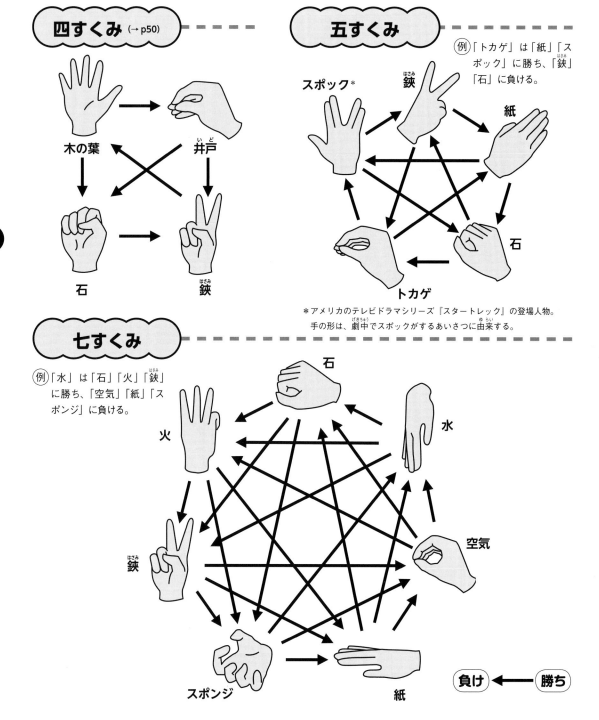

終わりに

2002年9月、朝日新聞大阪本社の女性記者が東京都国立市のぼくの事務所まで取材に来られた。2002年6月にぼくが著した『世界のじゃんけん』を読んでくださったとのこと。わざわざ大阪からということに感激して2時間ほど話をしたのをいまでも覚えている。

「そりゃ、グーチョキパーだからですよ。パーチョキグーともチョキグーパーともいわない。だから最初は、グーなんです」と、ぼくの言葉が引用され、大きな記事が全国版に載った（2002年9月25日）(→p24)。「なるほど簡潔で力強い答えだ」などと。その記事の標題は、『「最初はグー」じゃなきゃダメ？』と記されていた。

それから5年が過ぎたころ、今度は『なぜ「最初はグー」なの？』という記事の取材が朝日新聞東京本社からあった。その時には、「グーチョキパーの順番にいうから、最初はグーでしょ」ときっぱり。韓国では、カウィ（チョキ）・バウィ（グー）・ボ（パー）。トルコは、キャウト（パー）・タッシュ（グー）・マカス（チョキ）。「その国でつかう言語でいいやすい順番なのでは」が引用された（朝日新聞 2007年6月18日）。

この2つの記事はどちらも「日常生活で感じた『なぜ？』」に紙上で答えるという企画の取材だった。それにしても同じ新聞社が同じ全国版で、しかも日本でもっとも有名な新聞社がなぜぼくのところに取材に来たのか、正直驚いた。じゃんけんという単純なあそびにも多くの人が疑問をもっているのだと、あらためて感じた。これが、ぼくが本書を著す背景となっている。

昨今、人気アイドルグループAKB48がじゃんけん大会をやっていることなどから、『世界のじゃんけん』に関係する、雑誌、テレビの取材があいついだ。各社それぞれに、企画に工夫を凝らしてはいるものの、ぼくへの質問は、どれも似たり寄ったりだった。

ぼくが取材を受けたなかのひとつに、2007年12月号の日経マガジンに掲載された『じゃんけん必勝法！』

というのがある。これはていねいに取材されていて、取材先も多岐に渡って書かれた記事だった。

そこには「『大衆のあそびだけに記録がほとんどなく、研究者もいない』と早稲田大学の寒川恒夫教授はなげく」と記されていた（教授は、ぼくもいっしょに本をつくったことのあるスポーツ人類学者だ）。編集者であるぼくのところに多くの取材が来るのだから、いわずもがな。

もとより、ぼくは編集者として子どもの本を多くつくってきた。国際関係や異文化交流の児童書を多く担当し、「きみにもできる国際交流」全24巻（偕成社）、「世界の文字と言葉入門」全10巻（小峰書店）、「さがし絵で発見！世界の国ぐに」全18巻（あすなろ書房）などを通して、これまで40以上の国と地域を取材した。

こうした仕事のなかでぼくは、じゃんけんの資料を次のやり方で集めた。

①じゃんけんをしようとさそう。
②じゃんけんという言葉が通じないとき、グーチョキパーの手の形を見せる。
③グーがチョキに勝ち、チョキがパーに勝ち、パーがグーに勝つことを説明する。

説明はわざとその程度にしておいて、相手の反応を見るのだ。そして、次の3段階のうちのどれにあたるかを見る。

(A)日本のようにだれもが知っているあそびになっている。
(B)やり方は多くの人が知っている。
(C)ごく限られた人しか知らない。

ぼくはじゃんけんがどこで生まれたのかの問いに対し、「メイド・イン・ジャパン」と答えた。ディレクターの要望でそういわされてしまったのだ。しかし番組のなか、同番組にゲスト出演していた中国人の女性が、すかさず「中国が起源よ」と反論した。

でも、この本を読んでくださった読者のみなさんは、じゃんけんを中国のものだという主張に対して、どのようにいえばよいかがおわかりいただけたと思う。

2015年1月

さくいん

あ行
あいこ‥‥‥‥‥‥‥‥‥‥‥‥20、31、33
足拳（あしけん）‥‥‥‥‥‥‥‥‥‥‥‥34、37
後出し‥‥‥‥‥‥‥‥‥‥‥‥‥‥‥21
石拳（いしけん）‥‥‥‥‥‥‥‥‥‥7、12、13、18
いっせいのせ‥‥‥‥‥‥‥‥‥‥‥‥8、37
いんじゃん‥‥‥‥‥‥‥‥‥‥‥‥‥13、22
うらおもてじゃん‥‥‥‥‥‥38、41、44、46、52
AKB48じゃんけん大会（エーケービーフォーティエイト）‥‥‥‥‥‥27、55

か行
カウィ バウィ ボ‥‥‥‥‥‥‥‥‥‥16、29
顔拳（かおけん）‥‥‥‥‥‥‥‥‥‥‥‥34、37
数拳（かずけん）‥‥‥‥‥‥‥‥‥‥9、17、18、19、25
狐拳（きつねけん）‥‥‥‥‥‥‥‥‥‥‥‥10、11、13
崎陽拳（きようけん）‥‥‥‥‥‥‥‥‥‥‥‥‥‥9
グーなしじゃん‥‥‥‥‥‥‥‥‥‥‥35、37
グーパーじゃん‥‥‥‥‥‥‥‥‥‥38、41、51
クールジャパン‥‥‥‥‥‥‥‥‥‥‥‥15
軍艦（ぐんかん）じゃんけん‥‥‥‥‥‥‥‥‥‥‥34
形体拳（けいたいけん）‥‥‥‥‥‥‥‥‥‥10、11、14、34
拳（けん）あそび‥‥‥‥‥‥‥6、8、10、36、38、46、49、52
五すくみ‥‥‥‥‥‥‥‥‥‥‥‥‥40、54

さ行
最初はグー‥‥‥‥‥11、21、22、23、24、25、26、28、35、55
三すくみ‥‥‥‥‥‥‥‥7、9、10、14、20、41、51、54
シートウ ジェンタオ ブ（石頭剪刀布）‥‥‥‥‥17、29
舌拳（したけん）‥‥‥‥‥‥‥‥‥‥‥‥34、37
鋏拳（ジャーチュアン）‥‥‥‥‥‥‥‥‥‥‥‥‥13
しゃりけん‥‥‥‥‥‥‥‥‥‥‥‥‥13
庄屋拳（しょうやけん）‥‥‥‥‥‥‥‥‥‥‥‥10、37
世界じゃんけん大会‥‥‥‥‥‥‥‥‥‥15

た行
WRPS（世界じゃんけん協会）（ダブリューアールピーエス）（せかいじゃんけんきょうかい）‥‥‥‥15、18、26、31、32
藤八拳（東八拳）（とうはちけん）‥‥‥‥‥‥‥‥‥‥‥‥11

な行
長崎拳（ながさきけん）‥‥‥‥‥‥‥‥‥‥‥‥‥9、41
七すくみ‥‥‥‥‥‥‥‥‥‥‥‥‥‥54

は行
本拳（ほんけん）‥‥‥‥‥‥6、8、9、10、12、17、18、19、25、37、41

ま行
虫拳（むしけん）‥‥‥‥‥‥‥‥‥6、7、9、10、12、13、17、37

や行・ら行
四すくみ（よんすくみ）‥‥‥‥‥‥‥‥‥‥‥‥‥‥54
両手じゃんけん‥‥‥‥‥‥‥‥‥‥‥37、53

●著／稲葉 茂勝

1953年東京都生まれ。大阪外国語大学、東京外国語大学卒業。国際理解教育学会会員。子ども向けの書籍のプロデューサーとして多数の作品を発表。自らの著作は、『子どもの写真で見る世界のあいさつことば—平和を考える3600秒』『世界の言葉で「ありがとう」ってどう言うの？』（今人舎）など、国際理解関係を中心に著書・翻訳書の数は50冊以上にのぼる。近年、子どもジャーナリスト（Journalist for Children）として執筆活動を強化している。

●編／こどもくらぶ

●イラスト／花島 ゆき　　●制作／(株)エヌ・アンド・エス企画（長江知子）

じゃんけん学　起源から勝ち方・世界のじゃんけんまで　　NDC382

2015年5月25日　第1刷
2020年10月30日　第3刷

発行者／中嶋舞子
発行所／株式会社 今人舎
　　186-0001　東京都国立市北1-7-23　TEL 042-575-8888　FAX 042-575-8886
　　E-mail nands@imajinsha.co.jp　URL http://www.imajinsha.co.jp
印刷・製本／凸版印刷株式会社

©2015 Kodomo Kurabu　ISBN978-4-905530-39-8　Printed in Japan

定価はカバーに表示してあります。落丁本、乱丁本はお取り替えいたします。